La historia de Jesús

La misión de *Editorial Portavoz* consiste en proporcionar productos de calidad —con integridad y excelencia—, desde una perspectiva bíblica y confiable, que animen a las personas a conocer y servir a Jesucristo.

Título del original: *The Jesus Book,* publicado en Nashville, Tennessee, por Thomas Nelson. Thomas Nelson es una marca registrada de Thomas Nelson, Inc.

Texto © 2009 por Stephen Elkins.

Ilustrado por Claudine Gévry.

Ilustraciones © 2009 por Thomas Nelson, Inc.

Edición en castellano: *La historia de Jesús* © 2012 por Editorial Portavoz, filial de Kregel Publications, Grand Rapids, Michigan 49501. Todos los derechos reservados.

Traducción: Belmonte Traductores, www.belmontetraductores.com

Ninguna parte de esta publicación podrá reproducirse de cualquier forma sin permiso escrito previo de los editores, con la excepción de citas breves en revistas o reseñas.

A menos que se indique lo contrario, todas las citas bíblicas han sido tomadas de la Nueva Traducción Viviente © 2010 por Tyndale House Foundation.

EDITORIAL PORTAVOZ
P.O. Box 2607
Grand Rapids, Michigan 49501 USA
Visítenos en: www.portavoz.com

ISBN 978-0-8254-1241-7

1 2 3 4 5 / 16 15 14 13 12

Impreso en los Colombia
Printed in Colombia

La historia de Jesús

por **Stephen Elkins**

Ilustrado por **Claudine Gévry**

Portavoz
La editorial de su confianza

CONTENIDO

¿QUIÉN ES JESÚS? — 9

Los profetas dijeron que Jesús era el Prometido. — 10
El ángel dijo que Jesús era el Hijo de Dios. — 12
Los sabios dijeron que Jesús era el Rey de los judíos. — 13
Pedro dijo que Jesús era el Cristo. — 14
Juan el Bautista dijo que Jesús era el Cordero de Dios. — 15
Los samaritanos dijeron que Jesús era el Salvador del mundo. — 16
Dios Padre dijo que Jesús era su Hijo amado. — 18
Juan el discípulo dijo que Jesús era la Palabra. — 19
Jesús dijo que es nuestro amigo. — 20
Jesús dijo que es . . . — 22

LO QUE HIZO JESÚS — 23

Sanó a muchos. — 24
Resucitó a los muertos. — 25
Dio órdenes a la naturaleza. — 26
Alimentó a 5.000. — 28
Perdonó pecados. — 30
Fue a la cruz. — 32
Resucitó de los muertos. — 33
Trajo salvación al mundo. — 34
Está preparando un hogar para mí. — 36

LO QUE ENSEÑÓ JESÚS — 37

Enseñó usando parábolas. — 38
Enseñó sobre el bautismo. — 40
Enseñó sobre el arrepentimiento. — 41
Nos enseñó a orar. — 42

Enseñó la regla de oro. 44
Enseñó el principal mandamiento. 45
Nos enseñó a ir y proclamar las Buenas Nuevas. 46
Nos enseñó que nos ama. 47
Enseñó que nunca me dejará. 48

¿CUÁNDO OCURRIÓ? 49

Línea del tiempo: Cuándo ocurrió 50
¿Cuándo habló Moisés sobre Jesús? 54
¿Cuándo nació Jesús? 55
¿Cuándo comenzó el ministerio de Jesús? 56
¿Cuándo acudió Nicodemo a Jesús? 57
¿Cuándo negó Pedro a Jesús? 58
¿Cuándo resucitó Jesús de entre los muertos? 59
¿Cuándo creyó Tomás que Jesús había resucitado? 60

¿DÓNDE OCURRIÓ? 61

Mapa de Israel 62
Mapa de Jerusalén 64
¿Dónde nació Jesús? 66
¿Dónde creció Jesús? 67
¿Dónde enseñó Jesús de niño? 68
¿Dónde fue bautizado Jesús? 69
¿Dónde fue tentado Jesús por el diablo? 70
¿Dónde llamó Jesús a muchos de sus discípulos? 71
¿Dónde bendijo Jesús a los niños? 72
¿Dónde fue Jesús a orar? 73
¿Dónde murió Jesús en una cruz? 74
¿Dónde está Jesús ahora? 75
¿Dónde podemos encontrar el reino de Dios? 76

CONTENIDO

¿POR QUÉ OCURRIÓ? — 77

¿Por qué María llamó Jesús a su bebé? — 78
¿Por qué fue enviado Jesús? — 80
¿Por qué amaba Jesús a los niños? — 82
¿Por qué tiene Jesús autoridad en la tierra? — 84
¿Por qué los fariseos planearon matar a Jesús? — 85
¿Por qué murió Jesús en una cruz por mí? — 86

¿CÓMO OCURRIÓ? — 87

¿Cómo recibimos vida eterna? — 88
¿Cómo quiere Jesús que vivamos? — 90
¿Cómo sabremos cuándo volverá Jesús? — 92
¿Cuánto dura la salvación? — 93

Índices — 94

JESÚS

Pues Dios amó tanto al mundo que dio a su único Hijo, para que todo el que crea en él no se pierda, sino que tenga vida eterna.

—Juan 3:16

Queridos padres y maestros:

La historia de Jesús se ha escrito para ayudar a enseñar a los niños acerca de la vida de Cristo y cómo comenzar una relación de por vida con Él. Para el propósito de este libro, las historias se han escrito en tiempo pasado, ya que hacen referencia a eventos específicos que ocurrieron cuando Jesús caminaba en la tierra. Sin embargo, tenemos la bendición de servir a un Salvador resucitado que tiene el mismo poder hoy día para sanar, bendecir y perdonar que el que tenía hace 2.000 años.

Deseo que, juntamente con sus hijos y alumnos, disfruten de este libro y sean bendecidos con su presencia.

Sinceramente,
Stephen Elkins

¿QUIÉN ES JESÚS?

¿QUIÉN ES JESÚS?

Los profetas dijeron que Jesús era
El Prometido.

Isaías 9:6

Los profetas eran mensajeros de Dios. Hablaban sobre cosas que ocurrirían en el futuro. Isaías fue uno de los mayores profetas. Vivió 800 años antes de que naciera Jesús; pero escucha las palabras que escribió Isaías acerca de Jesús: "Pues nos ha nacido un niño, un hijo se nos ha dado... y será llamado: Consejero Maravilloso, Dios Poderoso, Padre Eterno, Príncipe de Paz".

Por medio de Isaías, Dios nos dio la maravillosa promesa de que Jesús, el Dios poderoso, vendría a la tierra para ser nuestro Consejero, nuestra paz y, sobre todo, ¡nuestro Salvador! Él aceptó el castigo que merecíamos por todas las cosas malas que hemos hecho. Isaías predijo que Jesús moriría para salvarnos de nuestros pecados (Isaías 53). Pero Isaías no fue el único profeta que habló acerca de Jesús. Miqueas habló de dónde nacería (Miqueas 5:2-5a); Zacarías dijo que atravesarían su costado (Zacarías 12:10); David dijo que sería crucificado (Salmo 22).

¡Y todos ellos dijeron que algún día vendría el **Prometido**!

¿QUIÉN ES JESÚS?

El ángel dijo que Jesús era
El Hijo de Dios.

Lucas 1:26–38

Se escribieron más de 300 profecías acerca del Mesías que vendría. ¡Jesús vendría pronto! Y el plan tan especial de Dios incluiría a una joven judía llamada María. Dios envió al ángel Gabriel a visitar a María.

¡Cualquiera se asustaría al ver un ángel! Así que Gabriel dijo: "No tengas miedo, María ¡porque has hallado el favor de Dios!... Darás a luz un hijo, y le pondrás por nombre Jesús... y será llamado **Hijo de Dios**". María confió en Dios y dijo: "Que se cumpla todo lo que has dicho acerca de mí". Entonces el ángel se fue tan rápidamente como había aparecido.

Los sabios dijeron que Jesús era
El Rey de los judíos.

Mateo 2:1–12

Después del nacimiento de Jesús, algunos **sabios** de países del oriente fueron hasta Jerusalén para encontrar al Rey de reyes. Dios envió una estrella brillante para guiarles hasta Jesús. Cuando llegaron a Jerusalén, preguntaron: "¿Dónde está el **rey de los judíos** que acaba de nacer?... Hemos venido a adorarlo".

Al ver a Jesús en Belén, se arrodillaron y le adoraron, y le ofrecieron estos regalos: oro, que era un regalo adecuado para un rey; incienso, que era una medicina sanadora, y mirra, que era un perfume que se usaba en los entierros.

Unos regalos perfectos para el rey que sanaría a su pueblo y un día moriría en la cruz para salvarles.

¿QUIÉN ES JESÚS?

Pedro dijo que Jesús era
El Cristo.

Marcos 8:27–29

¿Quién es Jesús? Las personas que vieron a Jesús hacer milagros en la tierra hicieron esta pregunta, y hoy día muchas personas la siguen haciendo. Un día, Jesús preguntó a sus discípulos: "¿Quién dice la gente que soy?".

Ellos respondieron: "Algunos dicen Juan el Bautista, otros dicen Elías, y otros dicen que eres uno de los otros profetas".

Pero Jesús era mucho más que un hombre. Él había venido del cielo; así que Jesús preguntó: "Y ustedes, ¿quién dicen que soy?".

Pedro respondió: "Tú eres el Cristo". Pedro pensaba que Jesús era más que un hombre. Él era el Mesías prometido, el Hijo del Dios viviente enviado del cielo.

¡Pedro entendió quién era Jesús y de dónde había venido!

Juan el Bautista dijo que Jesús era
El Cordero de Dios.

Juan 1:28–31; Mateo 3:1–6

Vestía ropas hechas de pelo de camello; comía langostas y miel silvestre y vivía en el desierto. Era Juan el Bautista, y el trabajo de Juan era preparar a la gente para la llegada de Jesús.

Un día, mientras Juan estaba bautizando a pecadores en el río Jordán, vio a Jesús caminando hacia él por los montes, y dijo: "¡Miren! ¡El **cordero de Dios**, que quita el pecado del mundo!". Juan llamó a Jesús el Cordero de Dios porque, igual que los corderos que eran sacrificados en los tiempos del Antiguo Testamento, Jesús sería ofrecido como un sacrificio para salvar a su pueblo.

¿QUIÉN ES JESÚS?

Los samaritanos dijeron que Jesús era
El Salvador del mundo.

Juan 4:1–42

En los días de Jesús, judíos y samaritanos vivían en la misma región, pero estaban divididos entre ellos, y no tenían relación los unos con los otros. Una persona judía ni siquiera hablaba con una persona samaritana… pero Jesús sí lo hizo.

Un día, Jesús, que era judío, se encontró a una mujer samaritana en un pozo, y le dijo: "Por favor, dame un poco de agua para beber".

La mujer se sorprendió porque Jesús le habló con amabilidad. Comenzaron a hablar, y Jesús le dijo a la mujer samaritana muchas cosas sobre ella misma. La mujer dijo: "Sé que el Mesías está por venir".

Entonces Jesús dijo: "¡Yo soy el Mesías!".

La mujer samaritana creyó. Ella llevó a sus amigos con Jesús, y también creyeron, diciendo: "Ahora sabemos que él es realmente **el Salvador del mundo**".

¿QUIÉN ES JESÚS?

Dios Padre dijo que Jesús era
Su Hijo amado.

Marcos 1:9–11

¿Acaso no te encanta cuando tu padre está complacido contigo? Sentimos gran alegría cuando escuchamos las palabras: "¡Estoy orgulloso de ti!". ¿Sabías que el Padre de Jesús estaba complacido con Él? Cuando Jesús acudió a Juan el Bautista para ser bautizado, Juan estaba confundido. Sabía que Jesús siempre hacía lo correcto y que no necesitaba el bautismo.

Pero Jesús le aseguró a Juan que hacerlo era lo correcto; y cuando Jesús salió del agua, una voz habló desde el cielo. Era la voz de su Padre, y dijo: "Tú eres **mi Hijo** muy amado y me das gran gozo".

Dios siempre se complace cuando hacemos su voluntad.

Juan el discípulo dijo que Jesús era
La Palabra.

Juan 1:1; 14:9; Lucas 13:3

El primer versículo del Evangelio de Juan nos dice quién es Jesús. Juan le llama "**la Palabra**". Las palabras nos ayudan a entender las cosas. Las palabras describen cosas que otros no han visto, y las palabras nos protegen de situaciones peligrosas. Por ejemplo, gritamos: "¡Alto!", para impedir un accidente.

Juan llama a Jesús "la Palabra" porque Jesús es quien nos ayuda a entender quién es Dios. Nosotros no hemos visto a Dios, pero Jesús nos habla sobre Dios cuando dice: "¡Los que me han visto a mí han visto al Padre!". Es Jesús quien nos habla sobre el cielo, y es Jesús quien nos salva de los peligros del pecado. "¡Cambien sus corazones y sus vidas!", nos advierte.

Jesús es la Palabra de Dios que camina, habla, vive y respira.

¿QUIÉN ES JESÚS?

Jesús dijo que es
Nuestro amigo.

Juan 15:12–15

A los amigos les encanta estar juntos. Juegan juntos, pasan tiempo hablando por teléfono, y se ayudan el uno al otro en la escuela. Incluso cuando pasan por malos momentos, los amigos permanecen juntos. La Biblia dice que para tener un amigo tienes que comportarte como un amigo. Si queremos mostrar nuestra amistad, debemos hacer algo por otros.

Jesús dijo: "Ustedes ahora son mis **amigos**". Y para demostrar que era un amigo, hizo algo increíble. Él dijo. "El amor más grande que una persona puede mostrar es morir por sus amigos". Jesús no solo nos llamó amigos, sino que también nos demostró esa amistad. Nos demostró que era nuestro amigo al morir en una cruz para salvarnos de nuestros pecados.

¡Oh! ¡Qué amigo tenemos en Jesús!

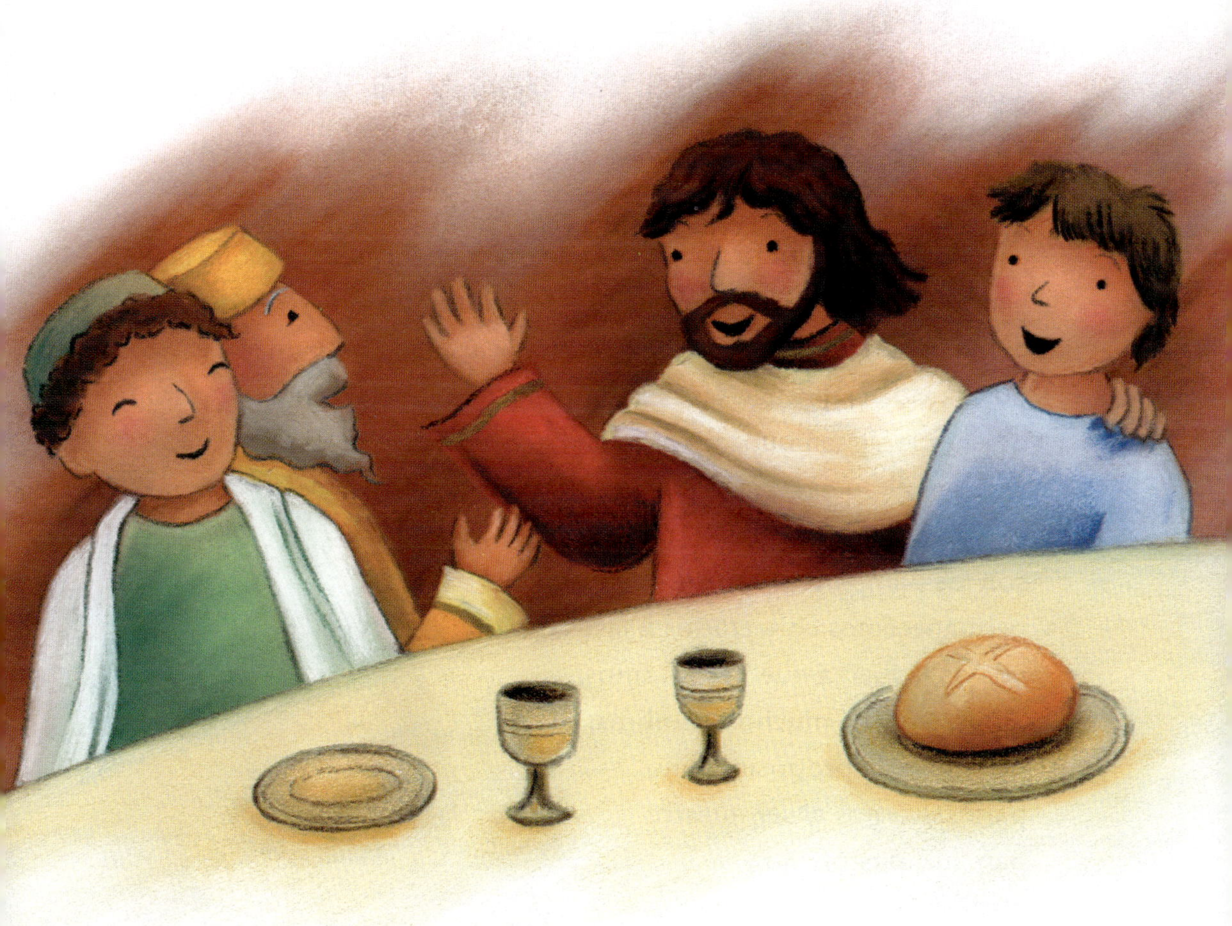

¿QUIÉN ES JESÚS?

Jesús dijo que es . . .
El pan de vida. —Juan 6:35
La luz del mundo. —Juan 8:12
El buen Pastor. —Juan 10:11-15
El camino, la verdad y la vida. —Juan 14:6
La vid. —Juan 15:5

Jesús se describió a sí mismo de muchas formas para que la gente supiera quién es. Él dijo. "Yo soy **el pan de vida**", porque así como el pan llena un estómago vacío, Jesús llena un corazón vacío, y nos da vida espiritual. Jesús dijo que era "**la luz del mundo**", porque quienes le siguen nunca vivirán en la oscuridad.

Él es **el buen Pastor**, porque cuida de nosotros, y es **el camino** porque nos guía. Él dijo. "**Yo soy la vid**, y ustedes son los pámpanos", porque cuando permanecemos conectados a Jesús, Él nos da la fuerza que necesitamos.

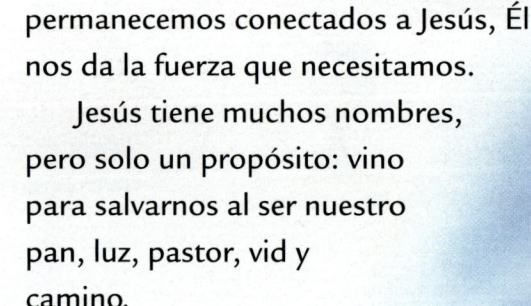

Jesús tiene muchos nombres, pero solo un propósito: vino para salvarnos al ser nuestro pan, luz, pastor, vid y camino.

Jesús es todo lo que necesitamos.

LO QUE HIZO JESÚS

LO QUE HIZO JESÚS

Sanó a muchos.

Mateo 8:1-3

¿Te has magullado alguna vez la rodilla? ¡Duele mucho! Y tarda varios días en curarse de modo natural. Pero cuando Jesús sanaba a la gente, algo sobrenatural ocurría. Él les sanaba instantánea y completamente. Los ciegos podían ver, ¡al instante! Los que no podían andar se levantaban y caminaban, ¡al instante! La sanidad natural puede ser lenta, pero la sanidad sobrenatural de Jesús era rápida y completa.

Un día, un hombre que tenía una enfermedad en la piel llegó y se arrodilló ante Jesús, y dijo: "Señor, si tú quieres, puedes sanarme". Ese hombre sabía que Jesús podía sanarle, pero le preguntó a Jesús si estaba dispuesto a hacerlo.

Jesús tocó al hombre y le dijo: "Sí quiero. **¡Queda sano!**". ¡E inmediatamente el hombre fue sanado!

El poder para sanar le pertenece a Jesús.

Resucitó a los muertos.

Lucas 8:41–56

Jairo estaba preocupado porque su hija estaba enferma. Así que acudió a Aquel que sabía que podía sanarla. Pero antes de que Jesús llegara a la casa de Jairo, ocurrió algo terrible. Algunos hombres se acercaron a Jairo para decirle que su hija había muerto. Pero Jesús no puso atención a lo que los hombres le dijeron. En cambio, dijo unas palabras que dieron esperanza a Jairo: "No tengas miedo. Sólo ten fe".

Llevando consigo a Pedro, Santiago y Juan, Jesús continuó en dirección a la casa de Jairo. Juntos entraron en el cuarto donde estaba sin vida el cuerpo de la niña. Entonces Jesús tomó su mano y dijo: "¡Niña, levántate!". ¡Inmediatamente ella se levantó!

Incluso el **poder de la vida** y la muerte le pertenece a Jesús.

LO QUE HIZO JESÚS

Dio órdenes a la naturaleza.

Calmó la tormenta; Lucas 8:22-25

Las tormentas a veces nos dan mucho miedo, ¿no es cierto? Había una tormenta terrible que incluso asustó a los discípulos de Jesús. Ellos estaban en una barca en el lago; las olas golpeaban contra ellos y el viento soplaba con fuerza. ¿Y dónde estaba Jesús? Estaba en la parte trasera de la barca, profundamente dormido. Los discípulos le despertaron, diciendo: "¡Maestro! ¡Maestro! ¡Nos vamos a ahogar!". Jesús se levantó y **ordenó** al viento y a las olas que se calmasen, y al instante se produjo la calma.

Aquel que creó los vientos y las olas es capaz también de controlarlos.

Caminó sobre el agua; Marcos 6:45-51

Otro día, los discípulos estaban cruzando el lago en una barca. Estaba oscuro, cuando de repente comenzó a soplar un viento fuerte, desplazando la barca con fuerza. Intentaron remar con más fuerza, pero no sirvió de nada. No podían llegar hasta la orilla. Entonces vieron a Jesús. ¡Él estaba caminando hacia ellos sobre el agua! Y dijo: "**¡Yo estoy aquí! ¡No tengan miedo!**". Entonces Jesús subió a la barca, y se calmó el viento.

Aquel que hizo las olas ciertamente puede caminar sobre ellas.

LO QUE HIZO JESÚS

Alimentó a 5.000.

Marcos 6:30–44; Juan 6:1-13

Las noticias sobre los milagros de Jesús comenzaron a extenderse. La gente llegaba de todas partes para oírle enseñar. Un día, Jesús enseñó hasta muy tarde. Sus discípulos le dijeron a Jesús que despidiese a las multitudes para que pudieran conseguir algo de comida; pero para sorpresa suya, Jesús les dijo: "Denles ustedes de comer".

Los discípulos no sabían cómo podrían alimentar a tantas personas. Lo único que tenían era la comida de un niño que consistía en cinco panes y dos peces. Pero Jesús tomó la comida, la bendijo, y comenzó a partirla en pedazos. Se alimentaron más de **5.000** personas ese día y recogieron doce cestas con las sobras.

¡Jesús alimentó a todos con la comida de un niño!

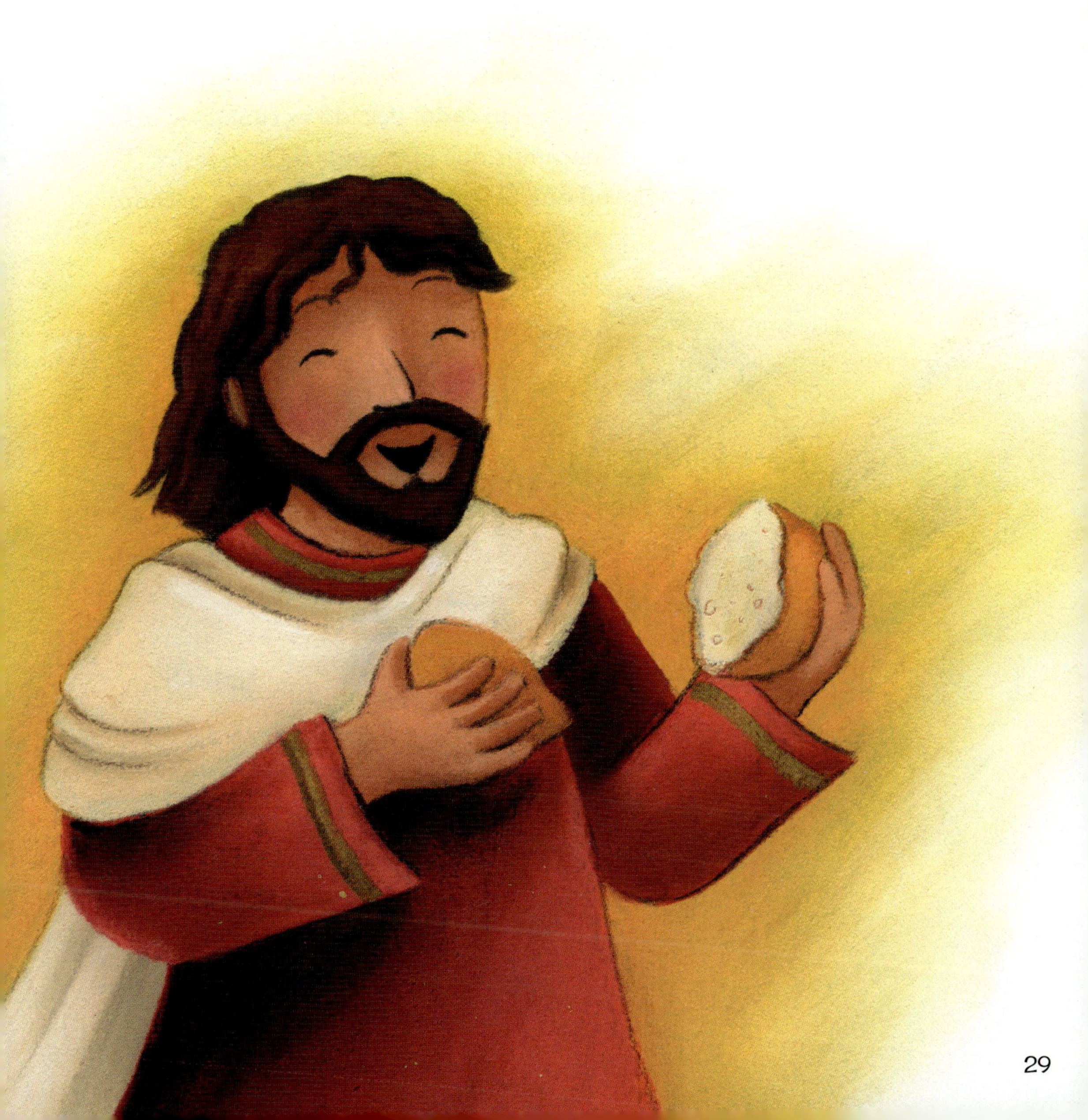

LO QUE HIZO JESÚS

Perdonó pecados.

Marcos 2:1–12

Jesús tenía poder para sanar. Podía hacer que los ojos ciegos vieran y los oídos sordos oyeran; pero Jesús tenía poder para sanar los cuerpos de las personas y también sus almas. A la enfermedad del alma le llamamos **pecado**. Pecado es cualquier cosa que pensamos, decimos o hacemos que no agrada a Dios. Jesús demostró ante una multitud que Él tenía el remedio para el pecado.

Un día, algunos hombres llevaron a su amigo a ver a Jesús, porque el hombre era paralítico y esperaban que Jesús pudiera sanarle. Pero cuando llegaron a la casa donde estaba Jesús, la multitud era muy numerosa, y no podían entrar. Así que decidieron subir hasta el tejado, hacer un gran agujero y bajar a su amigo en una camilla. Jesús vio las piernas lisiadas del hombre, pero sabía que ese hombre necesitaba algo más que la sanidad de su cuerpo: ¡necesitaba sanidad para su alma! Jesús dijo: "**Tus pecados son perdonados**".

Los fariseos se enojaron y dijeron entre ellos: "¡Sólo Dios puede perdonar pecados! . Jesús sabía lo que estaban pensando, y dijo: "Les demostraré que el Hijo del Hombre tiene autoridad en la tierra para perdonar pecados". Él ordenó al paralítico que se levantara. ¡El hombre se levantó y se fue caminando con su camilla!

Jesús tiene poder para perdonar pecados porque es el Hijo de Dios.

LO QUE HIZO JESÚS

Fue a la cruz.

Hebreos 9:22

La muerte no es algo en lo que nos gusta mucho pensar, pero es importante recordar esto: aunque la salvación de nuestros pecados se nos da gratuitamente, no quiere decir que no tuviera un gran costo. Y de ese costo habla Hebreos 9:22: "Porque sin derramamiento de sangre no hay perdón". El pecado es insistir en seguir nuestro propio camino, y no el de Dios.

No es agradable pensarlo, pero nuestra **salvación** le costó a Jesús su vida. Jesús murió en una cruz por mí y por ti. Él lo hizo para que nuestros pecados fueran perdonados, ¡y para que un día pudiéramos vivir con Él en el cielo para siempre! Jesús obedeció a su Padre y fue a la cruz, derramando su sangre por ti y por mí.

¡Qué precio tan alto pagó Jesús por nosotros!

Resucitó de los muertos.

Mateo 28:1–8

Jesús murió en una noche oscura de un viernes. Quienes le amaban vieron cómo descolgaban su cuerpo de la cruz. Muchos de sus seguidores pensaron que se había perdido todo y que quizás habían cometido un error, que tal vez Jesús no era el Mesías. Pero no sabían lo que ocurriría el domingo por la mañana.

María Magdalena y otra mujer llamada María fueron las primeras en visitar la tumba de Jesús ese domingo. La gran piedra que cubría la entrada había sido desplazada, y un ángel les habló. "Sé que buscan a Jesús el que fue crucificado. ¡No está aquí! **Ha resucitado**". Las mujeres corrieron a contárselo a los discípulos, y eso es lo que nosotros debemos hacer. Debemos contarle al mundo que Jesús ha resucitado de los muertos y que Él sigue vivo hoy.

LO QUE HIZO JESÚS

Trajo salvación al mundo.

Hechos 4:12

¿**Q**ué significa la palabra **salvación**? Significa que has sido rescatado. ¿Rescatado de qué? Supongamos que estás muy enfermo. El doctor dice que solo una medicina puede salvarte. ¿La tomarías? ¡Por supuesto que sí!

Jesús es como una medicina que salva tu vida. Todos tenemos una enfermedad fatal llamada *pecado*. Pecado es todo lo que desagrada a Dios, como mentir, engañar, robar, envidiar, la amargura, la arrogancia, el egoísmo y odiar a otros. El pecado conduce a la muerte y la separación eterna de Dios, que es perfecto, justo y santo. La Biblia nos enseña que "Jesús es el único que puede salvar a la gente… ¡Y debemos salvarnos a través de Él!". Eso significa que **solo Jesús puede salvarnos** del pecado. Él nos salva como una buena medicina.

Cuando le invitamos a entrar en nuestro corazón y le pedimos sinceramente que perdone nuestros pecados, Jesús se convierte en nuestra salvación.

Las parábolas son **historias cortas** que usan las cosas comunes y cotidianas para enseñar acerca del reino de Dios. Jesús usó una semilla de mostaza para enseñar sobre la fe. Las historias de la oveja y la moneda perdidas sirvieron para enseñar acerca del perdón de Dios. Él contó historias sobre el buen prójimo, sobre viñedos y sobre edificar casas para enseñarnos a vivir vidas piadosas.

Sí, Jesús usaba cosas ordinarias para enseñar lecciones extraordinarias.

LO QUE ENSEÑÓ JESÚS

Enseñó sobre el bautismo.

Mateo 3

Cuando Jesús era un niño, los griegos tenían una palabra que usaban los días en que lavaban la ropa sucia. La palabra era *bapto*, y se usaba cuando se metía una prenda en lejía y luego se teñía. La lejía limpiaba la prenda, y luego el tinte le daba otro color.

La palabra *bautismo* viene de la palabra griega *bapto*. El bautismo es una señal externa de que hemos sido limpiados y cambiados por dentro. Todos los que le han pedido a Jesús que viva en su corazón han sido limpiados del pecado y cambiados.

Si se lo pides, Jesús quitará tus pecados y quedarás limpio.

Enseñó sobre el arrepentimiento.

Mateo 4:17

Jesús nos dice que nos *arrepintamos,* lo cual significa que escogemos cambiar para Dios. Jesús dijo: "Arrepiéntanse de sus pecados y vuelvan a Dios, porque el reino del cielo está cerca".

Cuando nos arrepentimos, hacemos dos cosas muy importantes: Primero, cambiamos nuestro corazón. Eso cambia nuestro modo de pensar. Empezamos a ver que nuestra manera de hacer las cosas no es la manera de Dios, y empezamos a cambiar lo que hacemos. En lugar de hacer las cosas que nos agradan, decidimos hacer las cosas que agradan a Dios. Arrepentirse significa **cambiar nuestro corazón,** y así cambiamos nuestra vida. Con el poder del Espíritu Santo podemos alejarnos del pecado y acercarnos a Dios.

¡Arrepiéntete! Ese es el verdadero cambio.

LO QUE ENSEÑÓ JESÚS

Nos enseñó a orar.

Mateo 6:5–13

Un día, vino mi mejor amigo y me contó algo alarmante. El director de la escuela quería hablar conmigo. Cuando entré en su oficina y me detuve ante su gran escritorio, tuve miedo. Pero él sonrió y dijo: "¡Enhorabuena, Stephen! Eres el estudiante del mes". ¡Buff! Este hombre importante y poderoso solo quería hablar conmigo.

Dios es así. Él es muy importante y poderoso, ¡y quiere hablar contigo! ¿Cómo? Por medio de la oración.

Jesús nos enseña a orar. Primero, debemos **alabar** a Dios.

"Padre nuestro que estás en el cielo, que sea siempre santo tu nombre".

Después deberíamos **pedir** a Dios que nos ayude a hacer lo que él quiere que hagamos.

"Que tu reino venga pronto. Que se cumpla tu voluntad en la tierra como se cumple en el cielo".

Jesús dijo que deberíamos pedirle después a Dios las cosas que necesitamos.

"Danos hoy el alimento que necesitamos".

También debemos **confesar** nuestros pecados.

"Y perdona nuestros pecados, así como nosotros perdonamos a los que pecan contra nosotros".

Finalmente, deberíamos pedirle a Dios que nos guíe cada día y nos guarde del maligno.

"No permitas que caigamos ante la tentación, sino rescátanos del maligno".

Recuerda: Dios te ama, ¡y quiere que hables con Él cada día sobre cualquier cosa!

LO QUE ENSEÑÓ JESÚS

Enseñó la regla de oro.

Mateo 7:12

¿Qué prefieres? ¿Un camión lleno de centavos o un par de lingotes de oro? ¿Lingotes de oro? ¡Buena elección! El oro es muy valioso, y por eso la "regla de oro" se llama ¡regla de oro! Nos enseña una lección de **gran valor:** "Haz a los demás todo lo que quieras que te hagan a ti".

Jesús quería decir que debemos tratar a los demás como nos gustaría que nos tratasen. ¿Te gustaría que alguien se colara en la fila en la que tú estás o que te quitara los juguetes que estás usando? ¡No! ¡Trata a otros como quieres que te traten a ti! Es difícil de hacer, ¡pero Jesús te ayudará! ¡La regla de oro puede hacerte rico en amor!

¡Tratar bien a otros agrada a Jesús!

Enseñó el principal mandamiento.

Mateo 22:36–39

Cierto día 'le preguntaron a Jesús cuál era el principal mandamiento. Él respondió: "'**Amarás al Señor tu Dios** con todo tu corazón, con toda tu alma y con toda tu mente'. Este es el primer mandamiento y el más importante. Hay un segundo mandamiento que es igualmente importante: '**Amarás a tu prójimo** como a ti mismo'".

Jesús sabía que el amor era el cumplimiento de la ley. La gente que ama a los demás no roba a otros. La gente que ama a los demás no les miente. Si amamos a Dios, mostraremos nuestro amor sirviéndole y obedeciéndole; y si nos amamos unos a otros, mostraremos nuestro amor haciendo lo correcto.

¡Pídele a Dios que te enseñe a amar!

LO QUE ENSEÑÓ JESÚS

Nos enseñó a ir y proclamar las Buenas Nuevas.

Mateo 28:16–20

¡**V**en y ve! Oímos mucho esto hoy día, pero Jesús enseñó a sus creyentes a hacer lo contrario. Antes de irse de regreso al cielo, lo que Jesús pidió a sus discípulos que hicieran fue "ir y hablar"! Dijo: "Vayan y hagan discípulos de todas las naciones". Esta es la gran misión común, o **la Gran Comisión**, que tenemos como cristianos.

¡Debemos ir y hablar! El objetivo de cada cristiano no es hacer que la gente venga y vea. Nuestro objetivo es hacer que la gente entre en el reino de Dios yendo y hablándoles sobre el amor de Dios. Podemos ir al vecino de al lado, o a otra ciudad, o incluso a otro país. Y Jesús prometió que, cuando lo hagamos, Él estará siempre con nosotros.

Jesús quiere que vayamos y hablemos a otros de Él.

Enseñó que nos ama.

Juan 13:34

Todos hemos cantado la frase "Cristo me ama", pero ¿sabemos cuánto? Para Jesús, *amar* es una palabra de **acción**. Él dijo: "Tal como yo los he amado, ustedes deben amarse unos a otros".

Jesús mostró su amor por nosotros cuando dejó su hogar celestial y vino a la tierra como un hombre. Él sufrió porque nos amaba. Se burlaron de Él porque nos amaba. Predicó la verdad mientras la gente decía mentiras sobre Él, todo porque nos amaba. Y finalmente, fue a la cruz para morir. ¿Y por qué hizo Jesús todo esto? Es una sencilla palabra de cuatro letras: **¡amor!**

"Cristo me ama, la Biblia dice así".

LO QUE ENSEÑÓ JESÚS

Enseñó que nunca me dejará.

Mateo 28:20; Juan 3:8

Jesús te ha prometido esto: "Puedes estar seguro de que estaré siempre contigo". ¡Qué promesa tan reconfortante! ¡Pero a veces nos olvidamos que Él está aquí porque no le vemos! He aprendido una forma que me ayuda a saber que **Jesús está siempre conmigo.** Yo pienso en el viento. No puedes ver el viento, pero sabes que está ahí cuando ves las hojas moverse con la brisa.

Jesús es como el viento. No puedes verle, pero puedes ver todas las cosas maravillosas que Él ha hecho, y puedes verle obrar en las vidas de sus hijos. Y un día verás a Jesús en persona, ¡viniendo en las nubes para llevar a sus hijos a casa para toda la eternidad!

¿CUÁNDO OCURRIÓ?

¿CUÁNDO OCURRIÓ?

En el principio, Dios creó los cielos y la tierra.

—Génesis 1:1

600–500 a.C.
El profeta Zacarías dijo que traspasarían el costado de Jesús: "Me mirarán a mí, a quien traspasaron... Se lamentarán amargamente como quien llora la muerte de un primer hijo varón".

—Zacarías 12:10

0–5 d.C.
El ángel Gabriel le dijo a María que tendría un hijo, y que sería el Hijo de Dios. "Darás a luz un hijo, y le pondrás por nombre Jesús. Él será muy grande y lo llamarán Hijo del Altísimo".

—Lucas 1:31b-32a

¡Nació el niño Jesús! "Mientras estaban allí, llegó el momento para que naciera el bebé. María dio a luz a su primer hijo".

—Lucas 2:6-7a.

Los ángeles visitaron a los pastores, y los pastores fueron a ver al niño Jesús en el pesebre. "Fueron deprisa a la aldea y encontraron a María y a José".

—Lucas 2:16

1500–1400 a.C.
Moisés dijo esto sobre Jesús: "El Señor su Dios les levantará un profeta como yo de entre sus hermanos israelitas. A él tendrán que escucharlo".
—Deuteronomio 18:15

800–700 a.C.
Miqueas dijo que Jesús nacería en Belén: "Pero tú, oh Belén Efrata, eres solo una pequeña aldea entre todo el pueblo de Judá. No obstante, de ti saldrá un gobernante para Israel...".
—Miqueas 5:2

800–700 a.C.
Isaías dijo: "Pues nos ha nacido un niño, un hijo se nos ha dado... y será llamado: Consejero Maravilloso, Dios Poderoso, Padre Eterno, Príncipe de Paz".
—Isaías 9:6

¿CUÁNDO OCURRIÓ?

13–17 d.C.
Jesús y su familia fueron a Jerusalén para la fiesta de la Pascua. "Cuando Jesús tenía doce años, asistieron al festival como siempre".

—Lucas 2:42

30–35 d.C.
Jesús fue bautizado por Juan el Bautista. "Cierto día, en que las multitudes se bautizaban, Jesús mismo fue bautizado".

—Lucas 3:21a

"Jesús tenía unos treinta años cuando comenzó su ministerio público".

—Lucas 3:23a

Y ahora . . .
Jesús está preparándonos un hogar. "En el hogar de mi Padre, hay lugar más que suficiente. Si no fuera así ¿acaso les habría dicho que voy a prepararles lugar?".

¡Jesús prometió que un día regresaría a buscarnos! "Si no fuera así, ¿acaso les habría dicho que voy a prepararles lugar? Cuando todo esté listo, volveré para llevarlos, para que siempre estén conmigo donde yo estoy".

—Juan 14:2–3

"Jesús viajó por toda la región de Galilea enseñando en las sinagogas, anunciando la Buena Noticia del reino, y sanando a la gente de toda clase de enfermedades y dolencias".

—Mateo 4:23

Los fariseos planearon matar a Jesús. "Entonces los principales sacerdotes y los fariseos convocaron al Concilio Supremo. '¿Qué vamos a hacer -se preguntaron unos a otros-. Sin duda, ese hombre realiza muchas señales milagrosas. Si lo dejamos seguir así, dentro de poco todos van a creer en él. Entonces, el ejército romano vendrá y destruirá tanto nuestro templo como nuestra nación'... A partir de ese momento, los líderes judíos comenzaron a conspirar para matar a Jesús".

—Juan 11:47-48, 53

Jesús fue crucificado en la cruz. "Después Jesús gritó: 'Padre, ¡encomiendo mi espíritu en tus manos!' Y con estas palabras dio su último suspiro".

—Lucas 23:46

¡Pero Jesús resucitó! El ángel dijo: "¡Él no está aquí! ¡Ha resucitado!".

—Lucas 24:6a

Jesús nos dio la Gran Comisión: "Por lo tanto, vayan y hagan discípulos de todas las naciones, bautizándoles en el nombre del Padre y del Hijo y del Espíritu Santo".

—Mateo 28:19

¿CUÁNDO OCURRIÓ?

¿Cuándo habló Moisés sobre Jesús?

Deuteronomio 18:15; Juan 1:45; 5:45–46; Lucas 24:27

Jesús dijo que Él era el Hijo de Dios. Los judíos querían una prueba. Según la ley de Moisés, Jesús necesitaba un testigo que hablara a su favor. Así que Jesús les dijo a los judíos que Moisés había escrito de Él. Mil cuatrocientos años antes de que naciera Jesús, Moisés escribió: "El Señor su Dios les levantará un profeta como yo de entre sus hermanos israelitas. A él tendrán que escucharlo".

¿En qué sentido era Jesús como Moisés? Ambos fueron profetas, sacerdotes, legisladores y líderes de hombres. Ambos enseñaron nuevas verdades y nuevos mandamientos. Y ambos hicieron milagros. Después de que Felipe conociera a Jesús, se encontró con Natanael y le dijo: "¡Hemos encontrado a aquel de quien **Moisés y los profetas escribieron!** Se llama Jesús".

¿Cuándo nació Jesús?

Gálatas 4:4

El tiempo de Dios siempre es perfecto. Él nunca llega demasiado pronto ni demasiado tarde. Él nunca tiene prisa y, a diferencia de ti y de mí, siempre llega a tiempo. La Biblia dice que "cuando se cumplió el tiempo establecido, Dios envió a su Hijo". A través de los siglos, Dios había estado preparando al mundo para la **llegada de Jesús.**

Muchos profetas habían hablado sobre la llegada de Jesús, y el pueblo judío esperaba al Mesías prometido. El mundo estaba unido bajo el imperio romano, y los romanos habían construido buenas carreteras por todo el mundo conocido. El griego era un lenguaje común. Todo este escenario era perfecto para difundir el mensaje de esperanza de Jesús, ¡a las personas de todo el mundo!

¡No cabe duda de que Jesús nació en el momento perfecto!

¿CUÁNDO OCURRIÓ?

¿Cuándo comenzó el ministerio de Jesús?

Mateo 3:13–17; Hechos 2

La palabra *ministerio* significa "servir". El ministerio de Jesús comenzó en el río Jordán justo después de ser bautizado. Al salir del agua, el cielo se abrió y el Espíritu de Dios descendió sobre Él como una paloma. En ese momento, comenzó su ministerio terrenal.

Y lo mismo ocurrió a los discípulos y a la primera iglesia cristiana después de que Jesús regresara al cielo. El Espíritu de Dios descendió en un día llamado Pentecostés, ¡en el que 3.000 personas fueron salvas!

Cuando el Espíritu de Dios descendió sobre Jesús, su ministerio comenzó, y también el nuestro.

¿Cuándo acudió Nicodemo a Jesús?

Juan 3:1–21

Nicodemo era un sabio gobernador del templo judío. Quería saber más sobre Jesús, así que se las arregló para encontrarse con Jesús **de noche.** "Sabemos que Dios te ha enviado para enseñarnos", dijo Nicodemo.

Jesús le respondió de una forma curiosa: "Te digo la verdad, a menos que nazcas de nuevo, no puedes ver el reino de Dios".

Perplejo, Nicodemo preguntó: "¿Cómo puede un hombre mayor nacer de nuevo?". Cuando nace un bebé, deja la oscuridad del vientre de su madre y sale a la luz. Jesús le estaba diciendo a Nicodemo que para estar en el reino de Dios debes salir de este mundo oscuro y nacer en la luz del reino de Dios.

¿CUÁNDO OCURRIÓ?

¿Cuándo negó Pedro a Jesús?

Lucas 22:31-62

Pedro creía que su fe era fuerte, y dijo: "Señor, estoy dispuesto a ir a prisión contigo y aun a morir contigo". Pero Jesús le dijo: "Antes de que cante el gallo, negarás tres veces que me conoces".

Pedro no lo podía creer. Esa misma noche Jesús fue arrestado. Eso asustaba mucho. Los discípulos sabían que los prisioneros eran a veces golpeados e incluso asesinados.

Así que cuando una joven reconoció a **Pedro** como uno de los seguidores de Jesús, Pedro dijo: "¡Mujer, ni siquiera lo conozco!". Pedro dijo tres veces que no conocía a Jesús. La tercera vez, mientras Pedro aún hablaba, un gallo cantó.

Entonces Pedro se acordó de lo que había dicho Jesús, y se avergonzó mucho.

¿Cuándo resucitó Jesús de entre los muertos?

Lucas 23:46; Mateo 12:40; Lucas 24

Muchos oyeron a Jesús decir sus últimas palabras: "Padre, ¡encomiendo mi espíritu en tus manos!". Después de decir eso, Jesús murió. Algunos recordaron que Jesús había dicho: "Así como Jonás estuvo en el vientre del gran pez durante tres días y tres noches, el Hijo del Hombre estará en el corazón de la tierra durante tres días y tres noches". Jesús había dicho que resucitaría de los muertos. ¿En verdad llegaría a ocurrir?

Ese domingo, **tres días después de morir Jesús**, María Magdalena y algunas otras mujeres descubrieron que la tumba de Jesús estaba vacía. ¿Dónde estaba Él? Un ángel se le apareció a María Magdalena, ¡y le dijo que Él había resucitado! Pero ¿alguien le había visto vivo? ¡Sí!

¡La Biblia nos dice que Jesús se apareció a mucha gente!

¿CUÁNDO OCURRIÓ?

¿Cuándo creyó Tomás que Jesús había resucitado?

Juan 20:24–29

Los otros discípulos ya habían visto a Jesús resucitado, pero Tomás aún no. ¡Le dijeron a Tomás que Jesús estaba vivo! Pero él les dijo: "No lo creeré a menos que vea las heridas de los clavos en sus manos".

Una semana después, Jesús se apareció de repente a los discípulos. Miró a Tomás y dijo: "Pon tu dedo aquí y mira mis manos; mete tu mano en la herida de mi costado. Ya no seas incrédulo. ¡Cree!". Tomás ahora estaba seguro de que era cierto… ¡Jesús estaba vivo!

Jesús le dijo a Tomás: "Tú crees porque me has visto, benditos los que creen sin verme".

¿DÓNDE OCURRIÓ?

¿DÓNDE OCURRIÓ?

La región de Israel

¿Puedes encontrar?

¿Dónde creció Jesús?

Nazaret	**D·4**
Jerusalén	**D·7**
El mar de Galilea	**E·3**
El río Jordán	**E·3–7**
Belén	**D·8**
Damasco	**G·1**
Capernaúm	**E·3**
Jope	**B·6**
Jericó	**D·7**
El mar Muerto	**D–E·7–9**

¿Dónde nació Jesús?

¿Junto a qué masa de agua llamó Jesús a sus discípulos?

¿DÓNDE OCURRIÓ?

Jerusalén (alrededor del 30 d.C.)

a Cesarea
a Jericó
a Jope
Puerta de Damasco
Segundo muro del norte
Gólgota
SEGUNDO SECTOR
TEMPLO
Getsemaní
Primer muro del norte
Monte de los Olivos
Palacio de Herodes
CIUDAD ALTA
CIUDAD BAJA
a Betania
a Belén
al mar Muerto

¿Puedes encontrar?

Getsemaní — **G·4**

Gólgota — **C·5**

El templo — **E·5**

El palacio de Herodes — **B·6**

El monte de los Olivos — **G·6**

¿Dónde fue Jesús a orar?

¿Sabes dónde murió Jesús en la cruz?

¿Puedes encontrar dónde enseñó Jesús cuando era niño?

¿DÓNDE OCURRIÓ?

¿Dónde nació Jesús?

Lucas 2:1–7; Miqueas 5:2–5

César Augusto quería saber cuántas personas vivían en su imperio, así que ordenó que todos regresaran a su ciudad natal para hacer un recuento. José y María estaban entre los que tuvieron que hacer el viaje desde Nazaret a la ciudad de **Belén**.

Belén era llamada la ciudad de David, y como José era descendiente del rey David, Belén se consideraba su ciudad natal. Viajaron por varios pueblos, y a ocho kilómetros tras pasar Jerusalén se encontraba la pequeña ciudad de Belén, donde nació Jesús.

Muchos años antes, el profeta Miqueas había dicho que un gobernante saldría de Belén, el cual cuidaría de su pueblo. ¡Jesús fue ese gran gobernante!

¿Dónde creció Jesús?

Marcos 1:9; Lucas 1:26–27; Juan 1:45–46

Nazaret era una pequeña ciudad al norte de Israel, asentada en un valle con colinas a su alrededor. Fue allí donde el ángel Gabriel visitó a María para decirle que ella sería la madre de Jesús. Muchos le conocieron como Jesús el nazareno porque **Nazaret** fue la ciudad donde pasó su infancia. Cuando Felipe le dijo a Natanael que Jesús era de Nazaret, señaló: "¡Nazaret! ¿Acaso puede salir algo bueno de Nazaret?".

Pero sabemos que algo bueno salió de Nazaret: salvación a través de nuestro Señor Jesucristo. De hecho, ¡es mejor que bueno!

¡La salvación es el mejor regalo de todos!

¿DÓNDE OCURRIÓ?

¿Dónde enseñó Jesús de niño?

Lucas 2:41–52

Cuando Jesús tenía doce años, María y José le llevaron a **Jerusalén** para celebrar la Pascua. Se quedaron allí varios días. En aquellos tiempos, era común que grandes grupos de familias viajaran juntos. Sucedió que cuando María y José se dirigían de regreso a casa, pensaron que Jesús iba en su grupo. Cuando no pudieron encontrarle, regresaron apresurados a Jerusalén. Después de tres días le encontraron **en el templo,** donde los maestros estaban asombrados por su conocimiento. Cuando María le dijo a Jesús que habían estado preocupados, Jesús respondió. "¿No sabían que tengo que estar en la casa de mi Padre?". Jesús regresó a Nazaret, donde siguió aprendiendo más y creciendo.

Mientras crecía, gozaba del favor de la gente, y Dios estaba complacido con Él.

¿Dónde fue bautizado Jesús?

Mateo 3:13–17

Comienza donde se juntan dos ríos del Líbano y Siria. Sus aguas recorren 250 kilómetros por valles y llanuras de Israel hasta llegar al mar de Galilea. Después continúa hacia el sur, donde acaban sus aguas en el mar Muerto. Se llama el **río Jordán**. Es el río más grande y más largo de Israel y el único río en Israel que nunca se seca.

La Biblia dice que Jesús fue al río Jordán para ser bautizado por Juan. Juan dijo: "Yo soy el que necesita que tú me bautices".

Pero Jesús respondió: "Así debe hacerse, porque tenemos que cumplir con todo lo que Dios exige". Así que allí, en el río Jordán, cerca de donde sus aguas entran al mar de Galilea, Jesús fue bautizado.

¿DÓNDE OCURRIÓ?

¿Dónde fue tentado Jesús por el diablo?

Mateo 4:1–11

Dios Padre sintió agrado cuando Jesús comenzó su ministerio, ¡pero el diablo no! Jesús fue al **desierto** para ayunar y orar; el diablo esperaba una oportunidad para tentarle. El desierto de Judea era un área cercana al mar Muerto. Es una zona muy seca y rocosa.

Jesús oró durante cuarenta días, y luego el diablo se le apareció. Tentó a nuestro Señor de todas las formas posibles, pero Jesús respondió a cada tentación citando la Palabra de Dios. "Vete de aquí, Satanás", dijo Jesús. "Porque las Escrituras dicen: 'Adora al Señor tu Dios y sírvele solo a él'".

Así es cómo derrotas al diablo. Cuando el diablo se acerque, ¡declara la Palabra de Dios!

¿Dónde llamó Jesús a muchos de sus discípulos?

Marcos 1:16–20; Lucas 5:27–28; Hehos 1:11

Hay una masa de agua en Israel llamada el **mar de Galilea**. Es un lugar que Jesús conocía muy bien. Él caminó sobre sus aguas tormentosas. Habló a las olas, y se calmaron. Una vez, conoció a varios pescadores en sus orillas. "Vengan, síganme", dijo Jesús. Pedro y Andrés le siguieron. Luego llamó a Santiago y a Juan, y ellos también le siguieron. Jesús reunió a doce discípulos.

¿De dónde vinieron los otros discípulos que siguieron a Jesús? Seis más también salieron de la zona de Galilea: Felipe y su amigo Natanael; Tomás, conocido como Tomás el que dudó; Santiago, el hijo de Alfeo; Judas, hijo de Santiago, y Simón el zelote. Mateo, el recaudador de impuestos, era de Capernaúm. Judas Iscariote, el que traicionó a Jesús, procedía de Judea.

¿DÓNDE OCURRIÓ?

¿Dónde bendijo Jesús a los niños?

Mateo 19:13–14

Aunque Jesús nació en Belén de Judea, creció en Nazaret, un pequeño pueblo de Galilea. Piensa en Judea y Galilea como regiones, y en Belén y Nazaret como ciudades de esas regiones. Fue en **Judea** donde Jesús bendijo a los niños.

Las personas que vivían en Judea llevaron a sus niños a Jesús. Querían que Jesús orase por ellos, pero sus discípulos pensaron que Jesús estaba demasiado ocupado, e intentaron alejar a los niños. Cuando Jesús vio eso, dijo: "Dejen que los niños vengan a mí. ¡No los detengan! Pues el reino del cielo pertenece a los que son como estos niños".

¿Y cómo son los niños?, preguntarás. Son personas que confían en su Padre celestial.

¿Dónde fue Jesús a orar?

Mateo 26:36–50

Había un huerto de olivos a las faldas del monte de los Olivos, fuera de las murallas de Jerusalén. Se llamaba el **huerto de Getsemaní.** Este era el lugar donde Jesús fue a orar la noche en que fue arrestado.

Pedro, Santiago y Juan fueron con Jesús al huerto esa noche. Jesús les pidió que velasen y orasen, pero ellos se quedaron dormidos. Jesús oraba: "¡Padre mío! Si es posible, que pase de mí esta copa de sufrimiento. Sin embargo, quiero que se haga tu voluntad, no la mía".

Poco después de esta oración, los soldados llegaron buscando a Jesús. Iban siguiendo a Judas, que les había guiado hasta donde se encontraba Jesús.

¿DÓNDE OCURRIÓ?

¿Dónde murió Jesús en una cruz?

Marcos 15:22; Juan 19:17–30

El lugar donde murió Jesús tiene un nombre que me produce escalofríos en la espalda; es **Gólgota**, ¡que significa el "Lugar de la Calavera"! Era un lugar horrible a las afueras de las murallas de la ciudad de Jerusalén. Allí castigaban a los criminales que habían hecho cosas terribles. ¿Qué hacía Jesús en un lugar como ese? Nos estaba mostrando su amor.

En el monte llamado Gólgota, Jesús fue crucificado entre dos ladrones. Su madre, María, y su amado discípulo Juan escuchaban mientras Jesús pronunciaba sus últimas palabras: "¡Todo ha terminado!". Y tras decir esto, Jesús murió.

Gólgota: Aún me sigue dando escalofríos por la espalda. Piensa en ello: ¡el Hijo de Dios derramó su sangre por ti y por mí!

¿Dónde está Jesús ahora?

Hechos 1:1–11; Juan 14:1–2

Después de tres días en la tumba, Jesús resucitó de los muertos. Luego pasó cuarenta días en la tierra animando a sus discípulos y amigos. Les dijo a sus discípulos que tenían que contarle al mundo lo que Él les había enseñado. Y tras decir esto, los discípulos vieron a Jesús ascender al cielo.

Aún estaban mirando al cielo cuando dos hombres con túnicas blancas aparecieron y les dijeron: "¿Por qué están aquí parados, mirando al cielo? Jesús fue tomado de entre ustedes y llevado al cielo, ¡pero un día volverá del cielo de la misma manera en que lo vieron irse!".

Porque Jesús había dicho: "En el hogar de mi Padre, hay lugar más que suficiente. Si no fuera así, ¿acaso les habría dicho que voy a prepararles un lugar?".

¿DÓNDE OCURRIÓ?

¿Dónde podemos encontrar el reino de Dios?

Mateo 6:10; Lucas 17:21

Jesús oró a Dios su Padre: "Que tu reino venga pronto". ¿Qué quería decir?

Un reino es un lugar donde gobierna un rey, y un reino debe tener gente que esté dispuesta a obedecer y servir al rey. El reino de Dios es el lugar donde Dios gobierna. Así que encontramos el reino de Dios dondequiera que encontremos a gente que le honra como gobernador de sus vidas.

Jesús dijo: "El reino de Dios ya está entre ustedes". Encontramos el reino de Dios en los **corazones** de quienes le honran como rey. Un día, el Rey Jesús volverá a la tierra, ¡y establecerá el reino de Dios! Gobernará el mundo con justicia y rectitud, y todo ojo le verá.

¿POR QUÉ OCURRIÓ?

¿POR QUÉ OCURRIÓ?

¿Por qué María llamó Jesús a su bebé?

Lucas 1:30–31; Mateo 1:20–21

Cuando Dios hace un plan, no se le escapa ningún detalle. Así que cuando planeó enviar un Salvador a este mundo, tenía elegido el nombre adecuado. ¿Cuál era?

Cuando el ángel Gabriel se apareció por primera vez a María, le dijo: "Darás a luz un hijo, y le pondrás por nombre Jesús". Después, un ángel también se apareció a José en un sueño. El ángel dijo: "José… [María] tendrá un hijo y lo llamarás Jesús, porque él salvará a su pueblo de sus pecados".

El nombre *Jesús* es la forma griega del nombre hebreo *Yeshua*, que significa: "Dios salva". Lo que el ángel le dijo a José fue esto: Ponle por nombre "Dios salva" porque él salvará a su pueblo de sus pecados.

Así que María y José **obedecieron** el mandamiento de Dios, y llamaron a este hijo, que había sido enviado por Dios, Jesús.

María llamó Jesús a su bebé en obediencia a Dios.

79

¿POR QUÉ OCURRIÓ?

¿Por qué fue enviado Jesús?

Lucas 19:10; Juan 10:10

Cuando ocurre algo emocionante en tu vida, algo realmente bueno, ¿qué quieres hacer? ¿Cierras por completo tu boca y permaneces callado? ¿O corres a contárselo a tus amigos? ¡Claro que quieres contárselo a todos! Y eso es exactamente lo que hizo Jesús. ¡Jesús fue enviado desde el cielo con unas noticias muy buenas! Y durante tres años, predicó esas buenas noticias a todos los que le escucharon.

Jesús dijo que vino **"a buscar y a salvar a los que están perdidos"**. Estar "perdido" significa que no conoces a Dios y que no has recibido a Jesús como tu Salvador. Ser "salvo" significa que has recibido el amor de Dios y el perdón de pecados al invitar a Jesús a tu corazón. Significa que vivirás con Jesús para siempre en el cielo. Esas son las Buenas Nuevas, ¡las mejores noticias! Así que ahora que sabes por qué vino Jesús, ¡vayamos a contárselo a todos!

Jesús vino para darnos a conocer a Dios.

"El propósito del ladrón es robar y matar y destruir; mi propósito es darles una vida plena y abundante" (Juan 10:10).

¿POR QUÉ OCURRIÓ?

¿Por qué amaba Jesús a los niños?

Mateo 18:1–4; Mateo 6:25

Los niños son muy especiales para Jesús. Una vez les dijo a sus seguidores: "A menos que se aparten de sus pecados y se vuelvan como niños, nunca entrarán en el reino del cielo".

Entonces, ¿qué vio Jesús en los niños que no vio en los adultos? **Los niños tienen mucha fe.** Ellos saben que sus padres les darán todo lo que necesiten. Sin preocuparse, dependen de ellos para su comida, ropa y un lugar para vivir. Su fe en sus padres es fuerte y nunca varía.

A diferencia de los padres humanos, Dios siempre nos ama, siempre es bueno, siempre es justo y todopoderoso. Él nunca abandona a sus hijos, sino que siempre es fiel con los que le pertenecen.

Al igual que los niños, todos los hijos de Dios deberían depender de su Padre celestial para estas mismas cosas. "No se preocupen", dijo Jesús. Dependan del Padre para todo lo que necesiten. Los niños pueden hacerlo. ¿Y tú?

Sí, hay algunas cosas que los niños hacen mucho mejor que los adultos, y tener fe es una de ellas.

Jesús ama a los niños y quiere que todos nosotros tengamos mucha fe como ellos.

¿POR QUÉ OCURRIÓ?

¿Por qué tiene Jesús autoridad en la tierra?

Marcos 11:15–17; Juan 3:35; 5:27; 11:43–44

Cuando un oficial del ejército da una orden a sus hombres, ¡le obedecen! Lo hacen por una palabra de nueve letras llamada *autoridad*. Cuando alguien tiene autoridad, tiene poder para decirles a otros qué hacer.

Jesús tenía una gran autoridad. Tenía autoridad sobre la enfermedad. Cuando decía: "¡Sé sano!", la enfermedad tenía que irse. Jesús tenía autoridad sobre la vida y la muerte. Cuando vio a los cambistas comprando y vendiendo en el templo, paró sus actividades. ¿Por qué? Porque Jesús tenía autoridad. **"El Padre ama al Hijo y le ha dado poder sobre todo"**.

Jesús tenía el poder y la autoridad que su Padre le había dado.

¿Por qué los fariseos planearon matar a Jesús?

Lucas 18:9–14; Juan 11:47–48

Orgullo es una pequeña palabra que causa grandes problemas. Fue la razón por la que los fariseos quisieron matar a Jesús. "Ese hombre realiza muchas señales milagrosas", dijeron. "Si lo dejamos seguir así, dentro de poco todos van a creer en él".

Jesús contó a sus seguidores una parábola que enseña una lección sobre el *orgullo*. Habló sobre un fariseo y un recaudador de impuestos que fueron a orar al templo. El fariseo daba gracias a Dios por ser mejor que los demás hombres, pero el recaudador de impuestos decía: "Oh, Dios, ten compasión de mí, porque soy un pecador".

Cuando crees que eres mejor que otras personas, eso se llama orgullo. Los fariseos dejaron que el orgullo se adueñara de ellos.

¡No permitamos que el orgullo se adueñe de nosotros!

¿POR QUÉ OCURRIÓ?

¿Por qué murió Jesús en una cruz por mí?

Mateo 20:28

El pecado nos separa de un Dios santo y perfecto. El resultado del pecado es la separación eterna de Dios en un lugar triste y terrible que la Biblia llama infierno, y no podemos salvarnos por nosotros mismos.

Jesús predicó los sermones más poderosos que jamás se hayan oído, pero no fue suficiente para salvarnos. Él enseñaba a las multitudes con parábolas, sanaba a los enfermos, echaba fuera demonios, pero eso tampoco fue suficiente para salvarnos. La obra más grande de Jesús la realizó en una cruz. Allí, tras vivir una vida perfecta, murió por ti y por mí. Y con su muerte y resurrección, Jesús ofreció perdón de pecados y vida eterna a todos los que acepten su regalo de salvación.

Jesús dijo. "El Hijo del Hombre vino para dar su vida **en rescate** por muchos".

Él murió para salvarnos *de* la ira de Dios y para llevarnos *al* cielo, todo porque nos ama.

¿CÓMO OCURRIÓ?

¿CÓMO OCURRIÓ?

¿Cómo recibimos vida eterna?

Juan 3:16; 5:24

¡**L**os cumpleaños son muy divertidos! ¡A todos nos encanta abrir un regalo! Un *regalo* es algo que recibes de alguien a quien le importas. No tienes que pagar por él; te lo da gratuitamente. Otra persona compró el regalo y te lo dio con un gran lazo brillante.

¡La Biblia dice que Dios también nos ha ofrecido un regalo! Es el regalo del perdón de todos nuestros pecados, la amistad de Jesús y la vida eterna a través de Jesucristo. Cuando Jesús murió en la cruz, pagó por ese regalo. Nos amó tanto que recibió el castigo que merecíamos y pagó la pena por todos nuestros pecados. Gracias a este regalo, podemos vivir con Él para siempre en un lugar hermoso llamado cielo, donde no hay lágrimas ni dolor. Sin embargo, un regalo no es tuyo hasta que no lo aceptas. ¿Cómo?

Debes creer que eres un pecador y que Jesús pagó la pena por tus pecados. El pecado es cualquier cosa que pensamos, decimos o hacemos que no agrada a Dios. El pecado es insistir en seguir nuestro propio camino, y no el de Él, y nos separa de un Dios santo que no puede vivir con el pecado. La Biblia dice que "todos hemos pecado", y que "la paga que deja el pecado es la muerte" (Salmos 53:1-3; Romanos 3:23; 6:23).

No podemos salvarnos a nosotros mismos; Jesús, que era Dios y que nunca hizo nada malo, es la única fuente de salvación y el único camino a Dios (Efesios 2:8-9; Gálatas 2:16, 21). Él dijo: "Yo soy el camino, la verdad y la vida; nadie puede ir al Padre si no es por medio de mí" (Juan 14:6). Confiésale a Dios tus pecados con un corazón sincero y pídele que te perdone. Puedes expresarlo con tus propias palabras, diciendo algo como esto:

*Amado Dios, admito que soy pecador y **creo** que Jesús murió en la cruz por mis pecados. Sé que Él es el mejor regalo. Por favor, perdona todos mis pecados, toma el control de mi vida y haz de mí la persona que quieres que sea. Acepto a Jesús como mi Salvador y Señor. Gracias por su regalo y su gran sacrificio por mí. Amén.*

Recibimos el regalo de la vida eterna y la amistad de Jesús al aceptar a Jesús como nuestro Salvador y Señor. Si has hecho esta oración de corazón, ¡ahora formas parte de la familia de Dios! Conócele mejor leyendo la Biblia cada día (puedes comenzar con el libro de Juan y los Salmos), hablando con Dios y con otros que aman a Dios.

¿CÓMO OCURRIÓ?

¿Cómo quiere Jesús que vivamos?

Mateo 5:13–16; 1 Corintios 7:31

El mejor sermón que se haya predicado jamás se pronunció sobre un monte cerca de Jerusalén. Fue allí donde Jesús explicó cómo quería que viviésemos. "Ustedes son la sal de la tierra", dijo él. "Ustedes son la luz del mundo".

¿Qué quería decir Jesús con esto? Es difícil imaginarse una época en la que no había refrigeradores; pero en los tiempos de Jesús, la sal se usaba para conservar la comida. La gente untaba sal en su comida para preservarla.

De igual modo, el apóstol Pablo dijo que este mundo "pronto desaparecerá", algo parecido a la comida que no se guarda en el refrigerador. Así que nosotros debemos ser como la **sal**, ¡"untando" el evangelio de Jesús a todos los que conocemos! Debemos hablar a la gente de Jesús, ¡de cómo él preserva y salva!

Jesús también dijo que debemos ser la "luz del mundo". La luz ayuda a la gente a ver; ilumina el camino y disipa la oscuridad. Debemos vivir nuestra vida como una luz que guíe a otros a Jesús y su poder salvador.

¿CÓMO OCURRIÓ?

¿Cómo sabremos cuándo volverá Jesús?

Mateo 24:31

Hay muchos instrumentos en una orquesta. El violín emite un sonido dulce. La flauta produce las notas altas, y las tubas hacen las notas bajas. Pero hay un instrumento cuyo tono se eleva por encima de los demás: la trompeta. Cuando la trompeta suena, todos pueden oírla. Las trompetas se usan para anunciar eventos importantes, victorias y la llegada de la realeza.

Incluso hoy día, los reyes y los presidentes son recibidos con el toque de una trompeta. Así que no es extraño que la trompeta anuncie también la llegada del Rey de reyes: ¡Jesucristo! La Biblia dice que **sonará una trompeta**, y que todo ojo verá a Jesús viniendo entre las nubes. ¡Bien!

Cuando la trompeta suene, ¡todo el mundo la oirá!

¿Cuánto dura la salvación?

Juan 3:16; Apocalipsis 21:1, 4

¡**L**a salvación es eterna! Si tuvieras un par de zapatos eternos, *nunca* se desgastarían. Si tuvieras una botella de leche eterna, *nunca* te quedarías sin leche, y si tuvieras una energía **eterna**, estarías moviéndote continuamente y nunca te detendrías.

En la tierra, finalmente todos perdemos nuestro ímpetu, pero Dios ha prometido vida eterna a los que aceptan a Jesús como su Salvador. Esto significa que no importa cuánto hayas vivido con Jesús en el cielo, siempre habrá un día más para vivir. En este mundo, nacemos, y luego algún día nos morimos. Pero cuando somos salvos, Juan 3:16 dice que recibimos vida eterna.

Así que ¿cuánto dura la salvación? ¡Siempre dura un día más!

"Pues Dios amó tanto al mundo que dio a su único hijo, para que todo el que crea en él no se pierda, sino que tenga vida eterna".
—Juan 3:16

"Entonces vi un cielo nuevo y una tierra nueva, porque el primer cielo y la primera tierra habían desaparecido y también el mar... Él les secará toda lágrima de los ojos, y no habrá más muerte ni tristeza ni llanto ni dolor. Todas esas cosas ya no existirán más".
—Apocalipsis 1:1, 4

ÍNDICES

Índice de versículos

Apocalipsis 1:14	36	Juan 11:43-44	84
Apocalipsis 21:1, 4	93	Juan 11:47-48	53, 85
1 Corintios 7:31	90	Juan 11:53	53
Deuteronomio 18:15	51, 54	Juan 13:34	47
Efesios 2:8-9	89	Juan 13:36—14:2	36
Gálatas 2:16, 21	89	Juan 14:1-2	75
Gálatas 4:4	55	Juan 14:2-3	52
Génesis 1:1	50	Juan 14:6	22, 89
Hebreos 9:22	32	Juan 14:9	19
Hechos 1:1–11	75	Juan 15:5	22
Hechos 1:11	71	Juan 15:12-15	20
Hechos 2	56	Juan 19:17-30	74
Hechos 4:12	34	Juan 20:24-29	60
Isaías 9:6	10, 51	Lucas 1:26-27	67
Isaías 53	11	Lucas 1:26-38	12
Juan 1:1	19	Lucas 1:30-31	78
Juan 1:28-31	15	Lucas1:31b-32a	50
Juan 1:45	54	Lucas 2:1-7	66
Juan 1:45-46	67	Lucas 2:6-7a	50
Juan 3:1-21	57	Lucas 2:16	50
Juan 3:8	48	Lucas 2:41-52	68
Juan 3:16	7, 88, 93	Lucas 2:42	52
Juan 3:35	84	Lucas 3:21a	52
Juan 4:1-42	16	Lucas 3:23a	52
Juan 5:24	88	Lucas 5:27-28	71
Juan 5:27	84	Lucas 8:22-25	26
Juan 5:45-46	54	Lucas 8:41-56	25
Juan 6:1-13	28	Lucas 10:30-37	38
Juan 6:35	22	Lucas 13:3	19
Juan 8:12	22	Lucas 15:1-10	38
Juan 10:10	80	Lucas 17:21	76
Juan 10:11-15	22	Lucas 18:9-14	85

Lucas 19:10	80	Mateo 6:10	76
Lucas 22:31-62	58	Mateo 6:25	82
Lucas 23:46	53, 59	Mateo 7:12	44
Lucas 24	59	Mateo 7:24-27	38
Lucas 24:6a	53	Mateo 8:1-3	24
Lucas 24:27	54	Mateo 12:40	59
Marcos 1:9	67	Mateo 13:13, 31-32	38
Marcos 1:9-11	18	Mateo 18:1-4	82
Marcos 1:16-20	71	Mateo 19:13-14	72
Marcos 2:1-12	30	Mateo 20:28	86
Marcos 6:30-44	28	Mateo 22:36-39	45
Marcos 6:45-51	27	Mateo 24:31	92
Marcos 8:27-29	14	Mateo 26:36-50	73
Marcos 11:15-17	84	Mateo 28:1-8	33
Marcos 15:22	74	Mateo 28:16-20	46
Mateo 1:20-21	78	Mateo 28:19	53
Mateo 2:1-12	13	Mateo 28:20	48
Mateo 3	40	Miqueas 5:2	51
Mateo 3:1-6	15	Miqueas 5:2-5	11, 66
Mateo 3:13-17	56, 69	Romanos 3:23	89
Mateo 4:1-11	70	Romanos 6:23	89
Mateo 4:17	41	Salmos 22	11
Mateo 4:23	53	Salmos 53:1-3	89
Mateo 5:13-16	90	Zacarías 12:10	11, 50
Mateo 6:5-13	42		

Índice temático

Amistad, 20, 31
Amor, 45, 47, 81, 82-83
Arrepentimiento, 41
Autoridad, 31, 84
Bautismo, 40, 53
Bautismo (de Jesús), 18, 52, 56, 69

Buen Pastor, 22
Buenas Nuevas, 53, 80-81
Cielo, 14, 32, 36, 75, 80-82, 86, 89, 93
Creación, 50
Crucifixión, 20, 32-33, 53, 74, 86, 89
Espíritu de Dios, 56

ÍNDICES

Fe, 82-83
Gran comisión, 46, 53
Jesús y los niños, 72, 82-83
Llamamiento de los discípulos, 71
Milagros, 24-28, 30
Nacimiento, 13, 50, 55, 66, 78
Nombramiento de Jesús, 12, 78
Nuevo nacimiento, 57
Oración, 42-43, 73
Orgullo, 85
Palabra, la, 19
Parábolas, 38-39, 85

Pecado, 15, 20, 30-32, 34, 85
Pentecostés, 56
Profecías, 11-12, 50-51, 54-55, 66
Regla de oro, 44
Regreso de Jesús, 52, 92
Reino de Dios, 57, 76
Resurrección, 33, 53, 59-60, 75, 86
Sacrificio, 15
Salvación, 32, 34, 67, 80-81, 86, 93
Sanidad, 24-25, 30-31, 53, 84
Tentación, 70
Vida eterna, 32, 89, 93

Nombres y lugares

Andrés, 71
Belén, 13, 50, 51, 66, 72
Fariseos, 31, 53, 85
Felipe, 71
Gabriel, 12, 50, 67, 78
Gólgota, 74
Huerto de Getsemaní, 73
Isaías, 11
Jairo, 25
Jerusalén, 13, 68, 73, 74
José, 66, 68, 78
Juan, 19, 25, 71, 73, 74
Juan el Bautista, 15, 18, 69
Judas, 71, 73
Mar de Galilea, 71
María (madre de Jesús), 12, 50, 66-68, 74, 78

María Magdalena, 33, 59
Mateo, 71
Moisés, 51, 54
Mujer samaritana, 16-17
Natanael, 67, 71
Nazaret, 66-68, 72
Nicodemo, 57
Pablo, 90
Pedro, 14, 25, 36, 58, 71, 73
Río Jordán, 56, 69
Sabios, 13
Santiago, hijo de Alfeo, 71
Simón el Zelote, 71
Tomás, 60, 71